ACROBATA

ALICE SANT'ANNA

Acrobata

COMPANHIA DAS LETRAS

Copyright © 2024 by Alice Sant'Anna

Grafia atualizada segundo o Acordo Ortográfico da Língua Portuguesa de 1990, que entrou em vigor no Brasil em 2009.

Capa
Kiko Farkas/ Máquina Estúdio

Preparação
Márcia Copola

Revisão
Marina Nogueira
Jane Pessoa

Dados Internacionais de Catalogação na Publicação (CIP)
(Câmara Brasileira do Livro, SP, Brasil)

Sant'Anna, Alice
    Acrobata/ Alice Sant'Anna — 1ª ed. — São Paulo : Companhia das Letras, 2024.

    ISBN 978-85-359-3883-8

    1. Poesia brasileira I. Título.

24-213652   CDD-B869.1

Índice para catálogo sistemático:
1. Poesia : Literatura brasileira B869.1

Cibele Maria Dias – Bibliotecária – CRB-8/9427

Todos os direitos desta edição reservados à
EDITORA SCHWARCZ S.A.
Rua Bandeira Paulista, 702, cj. 32
04532-002 — São Paulo — SP
Telefone: (11) 3707-3500
www.companhiadasletras.com.br
www.blogdacompanhia.com.br
facebook.com/companhiadasletras
instagram.com/companhiadasletras
x.com/cialetras

para nicolau e leon

*Quando poderei anotar neste diário:
encontrei, afinal, o que tanto procurava?*
Julio Ramón Ribeyro

Sumário

sabiá, 11

dia de circo, 13

salto ornamental, 16

riga, 18

meu avô, 21

primeiras impressões, 22

duas mulheres, 24

praça roosevelt, 29

quarta-feira, 31

dolores, 33

curitiba, 35

super-herói, 37

shackleton, 39

shackleton já tinha ido à antártida, 40

dizem que shackleton publicou, 41

no endurance concentrei, 42

falhar bravamente é melhor, 43

partir exige coragem, 44

imagino a ampla zona de silêncio, 45

carimbo, 47

seis da tarde, 49

svetlana, 50

ficar de pé, 51

os medos, 52

véspera, 54

marie curie, 55
gamarra, 56
de volta à praça, 58
âmbar, 60
costela-de-adão, 62
almoço de natal, 63
vaga-lumes, 65
josefina, 66
ilha da decepção, 70
tartaruga, 76

Agradecimentos, 79
Fontes citadas, 81

sabiá

ela é mãe como eu
e decidiu fazer seu ninho na árvore ao lado
do quarto do meu filho
num primeiro momento aquilo não me diz respeito
passo batido pela árvore
esqueço do assunto
tenho muito que fazer
alguns dias depois ouço um som diferente
são os filhotes que nasceram e piam alto
a vida toda vivi em apartamento
do nono andar os pássaros
sobrevoavam a praça
sempre em trânsito
morar numa casa com quintal
é acompanhar não só o nascimento
mas também a morte das plantas
os caramujos que sujam o muro
o líquido viscoso que escorre da bananeira
um gato de passagem pelo telhado
sinto que preciso
ser uma boa anfitriã para a sabiá
são muitas as coisas que nos aproximam
os bebês o endereço talvez as noites
maldormidas
pego uma cadeira de praia de manhã bem cedo

e dou de mamar observando os rasantes da mãe
que diligente vai e volta do ninho e sempre
traz uma minhoca pendurada no bico
meu bebê no colo serve
para mostrar que venho em missão de paz
que compreendo sua solidão
seu cansaço seu orgulho
e também sua alegria
ponho uma banana madura
e uma vasilha com água na escada
ontem foi o dia mais quente do ano
quero que essa mãe se refresque
e refresque também seus filhotes
os dias se passam e a banana segue intacta
assim como a água na vasilha
penso na minha arrogância em querer ajudar
quando o melhor que posso fazer
é não atrapalhar não chegar perto
não falar alto não enfiar a cabeça
entre os galhos não tentar fotografar o ninho
a natureza é indiferente
a sabiá ao me ver
com um bebê de cinco meses nos braços
não sente nada
não tem curiosidade ou compaixão
não me olha e pensa
ela é mãe como eu

dia de circo

escolho um canto na beirada do canteiro
em meio a garotos falando em espanhol
o olho é uma câmera ou uma antena
ou só um olho mesmo
para ficar invisível trato de não cruzar
o olhar com ninguém
e tento me camuflar
nessa noite de quarta-feira
na praça enquanto as pessoas
treinam seus truques de circo
bambolês à minha direita
malabares à frente
um equilibra uma bola na testa
outro planta bananeira
um rapaz vende pizza na mochila
aceita dinheiro ou cartão
um homem se aproxima com sotaque
diz que é da venezuela e pergunta meu nome
    respondo maria
ele se chama antonio
conta que o pessoal da praça
mora numa ocupação
na rua do ouvidor
a maior da américa latina
um prédio de treze andares

e lá tem de tudo: atores e músicos
equilibristas e poetas
luthiers e escultores
você devia ir conhecer
uma menina bem novinha de casaco vermelho
corre entre as pessoas
e todas a chamam pelo nome
antonio conta que ela mora na ocupação
com a mãe
pergunto quantas crianças são
umas seis, ele responde
você devia ir lá no sábado
tento ficar invisível mas ele pergunta
onde moro
respondo perto da praça
ele diz que se eu quiser posso ficar um pouco
uma noite uma semana
tem gente que fica um mês
eu estou há três
penso na tentação que é mudar de vida
aquele rapaz de bermuda preta
dança com o bambolê
como se o corpo fosse todo de cartilagem
já eu sentada na beirada
do canteiro tento passar despercebida
mas pesada como uma rocha pré-histórica
invejo a leveza do bambolê
que passeia pelo tronco
o acrobata de olhos fechados
numa espécie de transe

que vida leva não faço ideia
é difícil observar a paisagem
olhar assim diretamente e sem propósito
incomoda dá pra ver
penso em partir com o circo
se bem que em dez minutos aqueles rostos
virariam familiares
e o circo depois de uma noite
ou uma semana ou três meses
talvez se tornasse a vida normal
assim como o apartamento com chaleira elétrica
e o prato que você pechinchou
em uma viagem e o seu mesmo rosto
no espelho de manhã
antonio me diz para ir no sábado
na rua do ouvidor
e se você quiser ficar lá
um dia uma semana três meses
o tempo que for
       maria
está feito o convite

salto ornamental

os poucos segundos diante da câmera
não fariam jus aos anos (uma vida
inteira) de ensaios e dores musculares
e alimentação regrada e tantas outras privações
os poucos segundos mostram
a atleta no trampolim
ela se prepara para o salto
que quem sabe
vai lhe render uma medalha
uma vaga nas olimpíadas
a consideração de alguém tanta coisa
o treinador apreensivo finge
tranquilidade no telão
vai dar certo já fizemos isso infinitas vezes
ela se prepara para o mergulho
pensa que o melhor é não pensar
em nada
transmitir coragem e autoconfiança
os fotógrafos bastante entediados
sem conseguir entender o que dá
a certos atletas um décimo a mais um a menos
no fim das contas é só um pulo na piscina
a não ser que erre feio
que caia de costas ou de barriga
que uma perna vá pro lado

que um braço não fique junto ao corpo
a não ser que o mergulho seja bruto
e suba muita água a não ser que seja
algo menos que perfeito
o passo de dança ensaiado em cada milímetro
que começa com um sorriso e termina
com a piscina recebendo a atleta sem alarde
sem ondas na água quase
como se nada tivesse acontecido
a atleta se prepara é dada a largada
na hora do salto sabe-se lá
o que se passa na cabeça
enquanto finge não passar nada
ela corre com destreza no trampolim
e mergulha na água de cabeça
sem o mortal
sem as três piruetas
sem a manobra prevista
que treinou a vida toda e lhe valeria
uma medalha ou patrocinadores ou um aumento
sobretudo a admiração de alguém
ela esquece
não teve vontade
deu um branco vai entender
mergulhou na água de cabeça
assim como se estivesse de férias
no telão a expressão incrédula do treinador
o zero gordo dos jurados
os fotógrafos finalmente entretidos

riga

no metrô um homem pergunta
que horas são
você se curva para o relógio de pulso
responde oito
ele então te encara
oito da manhã ou da noite?
você desconcertado olha pelo vidro
que reflete seu rosto de chapéu
o nariz vermelho descascado
pelo frio e as luzes
da cidade que acabamos de deixar
na mão uma tulipa com o cabo quebrado
ainda não sabíamos que em poucos dias
não nos veríamos nunca mais

ao entrar no banho notei
de frente para o espelho
uma veia azul que cortava o tórax
na diagonal ligando uma pinta a outra

dali a um ano estaria num carro
sendo conduzida por uma mulher
não exatamente bonita

mas com olhos azuis tão expressivos
impossíveis de confrontar
ela mora ao lado do aeroporto
e custou a se acostumar com o barulho
dos aviões indo e vindo
namorava um rapaz
que fazia curso para virar piloto
teve uma vez que ele me levou
para o simulador, ela conta
decolar é muito simples
o difícil é aterrissar
minha família nunca deixaria
eu morar com um namorado
sem me casar antes
diz a ruiva no banco de trás

ela ficou ruiva quando o pai morreu
uma tristeza tão profunda que o cabelo
de repente acordou ruivo
até hoje quando ouve a palavra família
fica com os olhos marejados
mas se esforça para manter a discrição
em seus gestos polidos

a loura no banco da frente explica
o âmbar não é um mineral
diferentemente do que muita gente pensa o âmbar
vem da seiva da árvore

que quando entra em contato com a água
se solidifica e fica assim
parecendo uma pedra

quando cheguei na cidade ontem
era fim do dia
faltava menos de uma hora para anoitecer
o bairro velho inteiro laranja
algumas paisagens só deveriam ser vistas
nessa hora específica

corri para ver o máximo que podia
aquela igreja de telhado pontudo
a construção de mil duzentos e vinte e um
no dia seguinte ainda teria muitas horas de sol
antes de ser levada de volta ao aeroporto

mas o sol assim abundante e direto
essa certeza de luz que não se apaga tão cedo
nada disso chegaria perto da beleza
de ver a cidade longe de casa
cortada por uma veia âmbar
de ponta a ponta

meu avô

deitado com o dedo na boca
o sorriso invertido
curvado como uma montanha
a pele uma cédula
gasta e seca
todos os dias rigorosamente iguais
banheiro, visitas, ampolas de sangue
às vezes tem mordomias como
um pedaço de pão ou uma fruta
doces nem pensar
lá fora passa uma nuvem de carros
sem previsão de alta um táxi amarelo
mais parece uma miragem um filme
na televisão aquele programa da tv5
sobre apartamentos em paris sem saneamento
pessoas que moram em quartos
sem janela, sem ventilação, sem elevador
como será que fazem para subir com a água?
não tomam banho, naturalmente
depois se cansa desse papo
a nuvem se torna mais espessa
na hora do rush o táxi não tem serventia
se não puder tomar o caminho
que leva ao ponto mais alto
de onde se vê a curvatura da terra

primeiras impressões

nunca vi de dia
sei que viaja muito
só usa um par de sapatos
até gastar e precisar comprar um novo
a família é do interior
sanduíche aqui se chama lanche
e sorvete de casquinha
se diz sorvete de massa
da janela de casa vê a praça
é muito tarde e as pessoas não se cansam
você tinha que ver no carnaval, ele diz
sei que gosta muito de rua
de ver as pessoas na rua
para dormir não há nada
como janelas antirruído
nunca vi alguém
ter tanto medo do fim
sofrer desse jeito
pelo fim de qualquer coisa
mas é claro que entendo bem
o que quer dizer com isso
quando acabar o mês me mudo
para um apartamento bem pequeno
que visitei à noite
(não sei como é com a luz do dia)
estamos sempre caminhando

de madrugada no centro de são paulo
as pedras portuguesas lembram o rio
antes de lembrarem lisboa
e é sempre muito tarde
e que semana, quanto trabalho
essas coisas que dizem aqui
e que aprendi a dizer também
não aprendi a chamar cidades
que têm mar de praia
(as pessoas aqui falam: vou passar
o fim de semana na praia)
você tem uma casa num lago
e fuma um cigarro chinês com filtro azul
que faz vista entre os chineses
eu não fumo mas vai saber
custei a me adaptar
até cansar de tanta viagem
a parada do ônibus à noite
com luz fria e a televisão ligada no noticiário
ou o avião que toda vez
faz pensar em morrer
se bem que pensar em ter medo de morrer
é uma certa vaidade
e pensar que se morrer morreu
também é
na semana anterior estávamos os dois
no mesmo voo
nas mesmas poltronas
e você me perguntou em qual cidade eu morava
logo depois de uma turbulência
que fez nossos olhos esbarrarem

duas mulheres
sobre foto de mauro restiffe

é uma fotografia bem grande
pendurada em frente à cama
granulada em preto e branco
não estou de frente para ela nesse momento
o quarto está apagado
não tem ninguém em casa
de longe imagino a fotografia no escuro
e o barulho que vem da rua
da praça sempre agitada
com os skatistas e as pessoas
rindo alto com garrafas na mão
não estou de frente mas posso dizer
que é uma fotografia bem grande
com duas mulheres de costas para a câmera

elas estão de costas para o fotógrafo
uma de camisa preta sem mangas e outra
de cabelos curtos e lisos
e tomara que caia de bolinhas
cada uma leva uma criança
não dá pra dizer se são seus filhos
a de camisa preta puxa um menino
pela mão e a de bolinhas leva um bebê
no colo e há também uma criança

que demorei a identificar
porque está atrás e dela só se vê
uma mão pequenina e rechonchuda
talvez sejam duas mães
talvez uma mãe e uma amiga
duas irmãs duas primas
duas desconhecidas
talvez se detestem
não estou de frente não posso dizer

na fotografia elas estão de costas
as três crianças
incluindo a que demorei a notar
na moldura
você conta cinco pessoas
mas nenhum olho nenhuma boca ou nariz
as cinco estão indo para algum lugar
a paisagem é bucólica com montanhas
um dia claro sem nuvens
não há uma casa ou uma árvore frondosa
não há um carro ou um riacho
nem bicicletas
para onde vão essas mulheres
ligadas pelo sangue ou que acabaram
de se conhecer? talvez estejam voltando
para casa ou saindo de casa
não há casa na moldura

agora está de noite
mas na fotografia é sempre dia
imagino que seja minas gerais
será que elas se dão? pode ser
que tenham se conhecido hoje
pode ser que o pai das três crianças
seja o mesmo
e uma delas seja a ex-mulher e a outra
a atual não tem como cravar
as duas estão de costas
é bem provável que estejam em minas
sul de minas
não há nenhuma placa ou sinal
mas reconheço pela curva das montanhas
estou chutando mas pode escrever
sul de minas

no escuro quando dormimos
na cama em frente ao quadro
gosto de pensar que as mulheres
nos guardam em sono profundo
elas estão de costas para nós
mas é possível que quando a luz se apague
elas se virem e nos estudem longamente
talvez tenham mais o que fazer
com certeza estão cansadas
ansiosas para chegar logo
seja lá para onde estão indo
não estou de frente para dizer

mas posso garantir que já olhei
por muito tempo horas até
sem entender se estão indo
ou voltando ou no meio
do caminho
para onde

mesmo de costas sei que estão
na faixa dos trinta
digo pelas escápulas
pela textura dos cabelos e da pele
pelas roupas
elas nem abrem mais a boca
estão sem assunto há horas
pensando bem nunca se gostaram
mas precisaram aprender a conviver
e agora convivem para sempre
na moldura

apesar dos ônibus que dão tantas voltas
e que dormem de madrugada na central
como besouros em silêncio
apesar dos dias que começam e terminam
sempre iguais e sempre tão diferentes
na praça dos skatistas e das pessoas
que riem alto com garrafas na mão
apesar da frente fria que chegou ontem
e da chuva que chega amanhã

e que vai despejar em um dia
o que não costuma chover em um mês
apesar disso no sul de minas
nunca anoitece
e as duas nunca chegam
aonde quer que seja

não fica noite
os filhos não crescem
não passa carnaval nem réveillon
não surgem rugas nem fios brancos
as semanas se estendem e com elas
anos e décadas
as mulheres não trocam uma palavra
desaprenderam a língua materna
o bebê segue no colo sem emitir um som
as duas crianças não aprendem coisa nenhuma
não estou de frente nesse momento
mas posso dizer
estou envelhecendo
tenho quase certeza

praça roosevelt

luis me recomenda trancar
a porta do quarto para dormir
a casa por algum motivo de dia
é grande mas de noite é ainda maior
quando chego
por onde passo
fecho as portas atrás de mim
que é para não me espalhar demais
para caber num cômodo
onde tudo esteja à vista
lá fora na praça
as pessoas não dormem nunca
fabrício escreveu que em são paulo
não faz noite pra valer
o céu nunca fica preto preto
tem noites mais pro rosa e noites
que puxam pro verde
e quando ele se mudou pra cá
não conseguia pregar o olho
com tanta claridade
simplesmente não conseguia
marília me diz que um bebê
de seis semanas
com dois milímetros já tem
um coração que bate e que aparece

como um ponto piscando nos exames
kammal da minha janela
ao ver a obra do teatro
que há anos pegou fogo
o barulho dos guindastes e tratores
diz que a terra aqui
é vermelha
mas no rio é de que cor?
no rio se você cavar fundo
só vai encontrar areia?
agora toda vez que olho
pela janela de manhã
repito em voz alta
sem me dar conta
a terra aqui é vermelha

quarta-feira

o rio fica dentro de nós
e o mar é o que está em volta
diz um poema de t.s. eliot
as veias sobem e descem
num movimento que se pensar demais
arrisca parar de funcionar
as veias do meu avô não estão bombeando
a dose certa de oxigênio
mas o medo de escrever isso
é que se algo acontecer com ele a frase
vai virar uma espécie de maldição
semana que vem o bebê na barriga
completa cinco meses
os bebês na barriga quando se desenvolvem
passam por todas as etapas
da vida na terra
quer dizer começam como um grão um nada
quase um micróbio que o corpo da mãe
pode tentar expelir
como um ser estranho e perigoso
depois o embrião vira um invertebrado
um peixe nadando com cauda e sem pálpebras
até ganhar coluna vertebral
e feições humanas
se pensar bem até mesmo

o feto boiando no líquido amniótico
de certo modo imita
a forma gorda do planeta
agora está começando a esquentar
nos dias de verão a praça fica cheia
quarta-feira é dia de circo
assisto da janela
a mão esquecida
apoiada na barriga

dolores

é quarta-feira na casa da bruna
da janela o sol vai se pôr
e espalhar o laranja entre os prédios
ela passa o café e ouve dolores duran
aponta para o livro *maternidade*, de sheila heti
diz que não importa
se o que está lá aconteceu ou não
se a mãe da narradora foi negligente
isso é só uma curiosidade
como bisbilhotar a vida alheia
natalia ginzburg escreve que a beleza poética
é uma mistura de crueldade, soberba, ironia
ternura carnal, fantasia e memória
clareza e obscuridade
e que se o escritor não conseguir chegar a esse lugar
esse ponto tão difícil e tão frágil
qualquer coisa que disser será pobre
medíocre mesmo
natalia diz que até então nunca
tinha passado por nada
verdadeiramente grave
nenhum episódio de morte ou solidão
traição ou doença
nada em sua vida até então

havia desmoronado
a felicidade
era plena e consistente

curitiba

decidiu ter filho
quando nasceu seu sobrinho
um parto perigoso e arriscado
que terminou nas mãos de um plantonista
às pressas num domingo
eram onze e quarenta da noite
a maternidade vazia
longos corredores de luz fria
e só vocês ali
o plantonista repetia irritado
se der errado a culpa não é minha
sua irmã no carro enrolada numa manta
laranja da iberia grunhia
depois de dois dias de dor vocês
atravessaram uma avenida ampla
ladeada por árvores compridas
o carro cortava a noite suavemente
para não machucar a sua irmã
curitiba era uma cidade fantasma
todos deviam estar em casa
largados no sofá
depois do almoço de família
então vieram os longos minutos de espera
você sozinha no vidro do berçário
enquanto a televisão pendurada

acima da porta da sala de cirurgia
passava a edição especial do fantástico
era dia das mães

super-herói

uma noite para sempre acesa
tudo apagado no quarto
o bebê e vocês fingindo dormir
uma mistura de aflição e curiosidade e euforia
paul auster conta que uma vez
levou o filho ao cinema
o menino tinha três anos e estava obcecado
pelo super-homem
foram então pai e filho
com um saco de pipoca
ver o chamado espaço sideral
com suas naves e seus planetas
e seus efeitos especiais
e eis que para a surpresa do pai
o filho passou a primeira metade
compenetrado no filme
mas de uma hora para outra
o super-homem começou a voar
e aquilo mexeu de tal maneira com o menino
que no auge da aflição e da curiosidade e da euforia
pediu exausto para ir embora
antes de o filme terminar
na saída do cinema eles se depararam
com uma chuva de granizo
e o pai protegeu o filho

correndo em direção ao táxi
o menino então disse ao pai
esta noite
foi uma noite
de muita aventura

shackleton

paul auster repete uma frase
de pascal que diz
toda a infelicidade do homem
vem de um só lugar: ser incapaz
de ficar sossegado no próprio quarto
isso vale para os escritores
mas não só para eles
shackleton por exemplo
queria fazer fortuna
e para isso tinha muitos planos
como fabricar cigarros
abrir uma frota de táxis
ou procurar minas na bulgária
não aceitava ter uma vida banal
precisava de algo que lhe desse sentido
mesmo que a missão parecesse
lunática ou absurda
alguém poderia dizer
irresponsável

shackleton já tinha ido à antártida
mas o objetivo desta expedição
era outro: cruzar o polo sul a pé
naquela época os homens
que topavam se aventurar
longe de casa
eram considerados heróis
isso antes da primeira guerra
quando os heróis passaram a ser homens comuns
que morriam ou sobreviviam
perto de casa
alfred lansing conta que era agosto
de mil novecentos e catorze
o endurance deixou o porto rumo à argentina
enquanto os ingleses foram para as trincheiras
mas acontece que o navio
pouco antes de chegar a terra firme
ficou preso no gelo
e a tripulação se viu obrigada
a abandonar os planos
churchill em resposta ao pedido de socorro
disse que enquanto houvesse
hospitais cheios e casas destruídas na inglaterra
não daria um centavo
para os pinguins

dizem que shackleton publicou
nos jornais um anúncio
e recebeu mais de cinco mil respostas
interessadas em sua oferta
procuram-se homens
para jornada arriscada
baixa remuneração
frio extremo
longos meses de completa escuridão
perigo constante
retorno não garantido
honra e reconhecimento
em caso de sucesso

no endurance concentrei
ambições esperanças desejos
escreveu shackleton
o homem que sobreviveu ao naufrágio
mas que não virou herói
por não completar sua missão
pelo contrário melhor teria sido
não resistir e padecer
como um aventureiro que tentou de tudo
shackleton na volta para casa por contrato
precisou dar palestras duas vezes por dia
durante seis meses
a humilhação de repetir para uma plateia
minguada e sonolenta
onde foi que falhou
estão vendo essas imagens?
foi aqui

falhar bravamente é melhor
que falhar covardemente?
por pouco shackleton
escapou de se tornar anacrônico
um homem à moda antiga
alheio ao seu tempo
alguns anos depois ele voltou
com um novo plano: circum-navegar a antártida
shackleton morreu em cinco de janeiro
de mil novecentos e vinte e dois
o coração parou de bater
durante a viagem
que viria a ser uma expedição fúnebre
a pedido de sua mulher
shackleton foi enterrado
na isolada ilha geórgia do sul
um homem sem tino para os negócios
que deixou dívidas para a família
e quase um século mais tarde
passaria a ser lembrado como herói
por ter conduzido sua tripulação
a um dos lugares mais hostis do planeta
e ter trazido todos vivos
de volta para casa

partir exige coragem
não partir também
sheila heti escolhe não ser mãe
e escreve um livro
para atravessar o período fértil
até chegar aos quarenta e dizer: agora
não posso mais
a vida decidiu por mim
ela explica que seu livro é uma espécie de barco
capaz de levar à outra margem
quer que sua vida não seja
resumida a uma negativa
ser uma não-mãe
teria uma palavra para isso?
assim como existe uma palavra
para não partir: ficar

imagino a ampla zona de silêncio
os meses que os homens atravessaram
no inverno sem sol
depois que o navio se prendeu no gelo
ou como descreve alfred lansing
feito uma amêndoa
alojada numa barra de chocolate

sair de casa em busca do inesperado
é muito diferente de o inesperado bater
na sua porta
foi assim em pripyat
pequena cidade na ucrânia
que diante da tragédia da usina nuclear
em abril de mil novecentos e oitenta e seis
perdeu todos os seus moradores
em apenas três dias
mesmo sem entenderem o que se passava
os jovens e os velhos
os camponeses que não conheciam
outra vida além daquela
precisaram deixar tudo como estava

depois vocês voltam para buscar
a cama e as fotografias
a louça e o relógio da cozinha
os animais domésticos
carreguem apenas
o que couber na mala

carimbo

quando a sua mãe saiu do centro cirúrgico
de roupa verde
com um pequeno pé carimbado no antebraço
e no colo um bebê que chorava
você pensou a partir de agora
preciso aprender a prestar atenção
nas coisas certas
poucos meses depois
achava um tanto inconveniente
que qualquer um na rua
soubesse o que se passava com você
a gravidez é um segredo mal guardado
o umbigo pulando para fora no vestido
e os pés que já não cabem em sapato nenhum
arrumar as roupas do bebê no armário
e mesmo dar um nome a ele
tudo parecia um pouco apressado
como comemorar a vitória antes da hora
quando foi a sua vez de entrar
no centro cirúrgico
achou que o berço de acrílico
a etiqueta colada com o número do quarto
ao lado da cama
o medo a bravura os embrulhos
os sacos verdes de fralda o quadro

com o nome bordado na porta
o carrinho já a postos em casa
tudo um pouco precipitado

seis da tarde

decidiu ter filho
quando soube da morte do amigo
a partir desse momento passou
a ver o amigo quase todos os dias na rua
ontem um pouco mais moreno
hoje mais atarracado
semana passada era um homem
de negócios na faria lima
de calça cáqui e camisa azul e crachá
na última vez que foi a ipanema viu também
estava um pouco mais gordo de short amarelo
provavelmente não usaria aquele short
mas era ele
quando ficou sabendo precisou
dar a notícia aos amigos
sentou na escada de incêndio do escritório
e telefonou para cada um
eram seis da tarde
estavam todos indo embora

svetlana

svetlana aleksiévitch conta as histórias
de quem viveu a tragédia nuclear
de tchernóbil de perto
há uma mulher por exemplo
cuja filha nasceu com dois olhos arregalados
sem nenhum orifício
como um saquinho costurado
crianças como ela não resistem
mas segundo a mãe ela sobreviveu
porque foi muito amada
os bebês feios e os bebês magros
correm mais risco
sobretudo quando não sorriem
(o sorriso é uma técnica de sobrevivência)
a mulher quer saber como vai contar à filha
que ela não poderá levar uma vida normal
e diz para svetlana que hoje
quando passa por mulheres grávidas
evita sustentar o olhar
confusa entre o assombro a inveja a alegria
e até uma ponta de vingança

ficar de pé

quando vejo tanta gente na rua
andando e conversando
penso quantas etapas levam uma pessoa
a chegar a esse nível tão elementar
e ao mesmo tempo tão avançado
quanto cuidado é preciso
dedicar a um bebê
para que ele fique de pé
o leite da mãe é produzido junto com o feto
e por isso cada bebê quando gerado
gera consigo seu próprio leite
ou seja se uma mãe tiver oito filhos
cada leite será diferente
lembro quando o leite desceu
cinco dias depois do parto
a poltrona amarela
o sol um retângulo no chão
fim de fevereiro
uma usina ativada
de uma hora para outra

os medos

os medos dependem da idade
mas também da classe social e da origem
medo de mosquito da dengue por exemplo
é um medo recente
rivane neuenschwander coleciona medos
relatados por crianças cariocas
e percebe que alguns
são recorrentes entre os menores
como de insetos e de répteis e de animais
selvagens ou inventados
já os medos das crianças um pouco mais velhas
são mais elaborados
como medo de ficar só
ou de ser esquecido ou de os pais morrerem
ou se separarem
numa cidade como o rio
é natural que o medo seja
de tiro e bandido e polícia
de estupro e assassinato
há medos que vêm de dentro
e outros que nos ensinam a ter
um palhaço assustador que apareceu na tevê
a foto de um tubarão com três mil dentes
a escuridão do espaço sideral
aprender a dar nome ao medo

não afasta o medo mas talvez ajude
a conviver com ele
melhor seria afugentar o leão
ou aprender a vigiá-lo de perto?

véspera

a verdade é que a gente nunca consegue
antever as tragédias
e por isso os medos talvez não sirvam
pra muita coisa

a rússia sempre preparou
seu povo para a guerra
mas eis que naquela noite
em abril de mil novecentos e oitenta e seis
as pessoas de pripyat saíram de suas casas
para assistir da ponte às luzes azuis
que vinham da usina
naquela madrugada as luzes
pareciam motivo de festa
espécie de réveillon fora de hora
e todos que correram para a ponte
morreriam em pouco tempo
o inimigo não era
quem esperavam

marie curie

foram muitos anos de pesquisa
até marie e pierre curie
em mil oitocentos e noventa e oito
descobrirem o polônio
em um laboratório improvisado
ela passava os dias cozinhando
a massa em duas panelas
com um bastão de ferro
até então não sabiam direito
com o que estavam lidando
carregavam amostras
de rádio no bolso
e guardavam na mesa de cabeceira
aquela pequena fonte de luz azul
um risco aceso
espécie de amuleto, souvenir ou troféu
e mesmo com a saúde já um tanto prejudicada
os rostos envelhecidos
não suspeitavam do perigo
a descoberta era de encher os olhos

gamarra

quando tinha treze anos
entrou na cachoeira
a água gelada
a correnteza forte
o fundo não dava pra ver bem
você queria mostrar para elas
que estava tudo sob controle
queria provar que não precisavam ter medo
nadou até o outro lado
e entrou num buraco na pedra
onde havia a queda-d'água
vejam só
venham também
quando sua amiga encheu o peito de coragem
nadou até a pedra e entrou no buraco
as outras assistiam de longe
encolhidas de frio com os biquínis secos
foi então que uma lata de alumínio
entre as pedras
rasgou fundo a sola do pé dela
o sangue só parava de jorrar
dentro da água
cor de coca-cola
o medo é teimoso
não sossega até receber uma resposta

a beleza nem sempre mete medo
mas o medo previne
paralisa não deixa você pisar
onde não pode ver

de volta à praça

de manhã bem cedo fomos tomar
sol na praça
e uma senhora com o labrador
que sempre tem algo a dizer disse
você não devia sair sem meias
está muito frio para o menino
ficar fora de casa
da outra vez ela disse
que ele estava um pouco amarelo
deve ser icterícia
era a primeira vez que saíamos
e o médico mais tarde
confirmaria o diagnóstico
a um filho não se deve
ensinar a não ter medo
a um filho se deve ensinar
a ter os medos certos
a não derrapar na borda da piscina
a não sumir de vista
a não se debruçar na janela
a não perder o fio da meada
a um filho se deve ensinar
que o medo em alguns casos pode ser
chamado de cautela
que o medo em alguns casos

pode inspirar coragem
e quase nada
é mais bonito que coragem

âmbar

comprou brincos de âmbar
porque alguém disse
que se juntasse a cor da pele
com a dos olhos e dos cabelos
a soma seria âmbar
no telefone ela sorri muito
balança a cabeça para que os brincos
pendurados batam no fio
assim ela lembra que está de brincos
assim ela lembra que tanta gente passa uma vida
inteira sem saber qual é a soma
de todas as cores
e eu já encontrei a minha, ela diz
conta que tem dormido pouco
não lembra nunca com o que sonhou
ou fala isso porque no fundo os sonhos
talvez sejam inconfessáveis
diz que não vai ter pressa
o mapa astral diz para não ter pressa
não vou acumular dívidas
minha vida será confortável
um amor e filhos é possível
enrosca o âmbar com o indicador
aperta a pedra até não quebrar
um amor que ainda vai acontecer

a astróloga a aconselhou a viajar
vai comprar um anel em cada canto do mundo
precisa usar os anéis todos juntos
uma mão toda de prata quase uma luva
depois vai perder os anéis um por um
especialmente aquele com a pedra âmbar
vai dizer que tomou todo o cuidado possível
mas todo o cuidado possível não previne do frio
que afina os ossos no inverno
e faz com que os anéis deslizem e se lancem
não previne dos assaltantes
nem dos lapsos em quartos de hotel
nem das pessoas que pedem
para ficar com um lembrete uma recordação
todo o cuidado não previne sequer
de esquecer o anel de propósito

costela-de-adão

não serve de nada a janela
a não ser para amparar a estrada
que escapa veloz
e separar a montanha do céu noturno
uma linha que divide o escuro do ainda mais escuro
você no banco de trás um pouco mareado
estar perto não quer dizer muito
enquanto não se chega lá
em casa a mesa de jantar azul-marinho nos espera
em suas quatro pernas
sustentando o vaso verde e nele
duas costelas-de-adão
as folhas prestes a irromper do vaso
assim que a luz for acesa
são fogos de artifício
estourando na fotografia

almoço de natal

dia vinte e dois de dezembro
depois do almoço de natal antecipado
meu avô morreu
não era a primeira vez
nem seria a última
chegou ao hospital de ambulância
ficamos esperando no saguão da uti
era muito tarde e o médico nos chamaria
na hora certa
meu avô nu na cama com uma fralda geriátrica
que mal o cobria
era um bicho muito grande
talvez um hipopótamo
ou quem sabe um boi
mas quando tremia todo
sobre o leito mais parecia
um canário ou outro animal
de pulmão estreito
como se todo o oxigênio
que entrasse fosse exagerado
no peito de um bicho
pequeno e frágil
que caberia na palma da mão
meu avô dias depois
foi se recompondo

era um processo longo e delicado
os médicos chamaram a família
disseram para nos acostumarmos
com a ideia
meu avô depois de arrancar os tubos
e causar espanto nas enfermeiras
pediu que a gente
deixasse ele morrer
olhou fundo nos meus olhos
quando estávamos sozinhos e pediu
por favor
não foi dessa vez
estou de frente para ele
sentado no sofá de casa
observando meu filho com onze meses
que tenta dar os primeiros passos
apoiado na bengala
já está na hora de almoçar
me ajude a ir até a mesa
por favor

vaga-lumes

é o último dia do ano
poderíamos dizer o apagar das luzes
às nove da noite desligamos a casa
e vamos para a varanda
na escuridão esperamos até que os olhos se acostumem
os vaga-lumes chegam aos poucos
e de repente são dezenas
assistimos à farra em silêncio
broches que acendem e apagam no breu
não digo nada mas em segredo
duvido um pouco que existam
as luzes mais distantes são sempre estrelas ou naves
as luzes assim tão próximas só podem ser
fruto da imaginação
deixamos que você se decida por si
(se encarasse os bichos apagados
na luz dura do dia
o que você veria?)
a essa altura você já deve ter percebido
há coisas que beiram a fantasia
para quem está o tempo todo
sendo apresentado ao mundo
se aparecesse um cachorro de duas cabeças
você não se espantaria

josefina

fui à médica porque meu pé direito
não para de coçar
às vezes preciso me levantar da cama de madrugada
ligo a torneira e deixo a água gelar o pé
no banheiro escuro
me recuso a encarar o espelho
com a pouca luz que vem da rua

uma pele grossa craquelada
meus pés de repente ficaram velhos
são muito mais velhos
que o resto do corpo
ou talvez

a médica diz que para isso não tem remédio
pode até me passar um creme
um composto de camomila e arnica
pra melhorar a coceira
isso aqui é alguma coisa
da sua cabeça

gosto de tudo nela
uma senhora de setenta e oito anos
com a voz firme e segura
em nenhum momento soa arrogante
e duvido que seja capaz
de deixar alguma pergunta
sem resposta

ela curou meu avô de feridas na pele
até o tecido da roupa quando encostava
nas feridas fazia ele urrar
lembro dele de olhos fechados
a boca esganiçada
às vezes gritava e às vezes ficava mudo de dor
lembro que o susto que a gente levava
nos dois casos era o mesmo

quando a médica deu anestesia local
e tirou as feridas da pele
(uma atitude arriscada
que deixou o cardiologista de plantão
ao lado da mesa
mesmo sendo um procedimento simples)
meu avô gritou tão alto
que os vizinhos do prédio interfonaram
para saber o que estava havendo

ninguém queria que ele morresse, ela diz

na sala da recepção a secretária
pede meu nome, o nome completo
e para de escrever no meio
a caneta no ar
o que você era do seu alberto?

todas nós aqui ficamos apaixonadas pelo seu avô
a médica confessa
mostro uma foto dele com meu filho
ainda bem bebê
sentado à mesa da cozinha

meu avô nesse dia nos recebeu
de camisa surrada e cueca cinza
foi só aí que me dei conta

quando a médica fala sobre ele consigo ver
apesar da máscara que seus olhos
estão marejados
não sei em que momento meu avô se tornou
assim tão cativante
mesmo sendo seco e ríspido
se sempre teve carisma ou se a velhice
lhe conferiu um brilho especial

os velhos e as crianças têm permissão
para quase todas as subversões

penso no meu avô levantando a bengala
no meio da rua
para chamar o ônibus fora do ponto

penso no meu filho chorando no café da manhã
de um hotel sisudo
as mesas ao lado incomodadas e eu
tentando disfarçar
é só uma criança

a verdade é que morro de inveja
do choro aberto das crianças
e dos urros dos velhos

tantas coisas que eles se permitem
e enquanto isso
só nos cabe pedir desculpas

ilha da decepção

1.
rumo à ilha da decepção
o sol nasce pouco antes
das três da manhã
e se põe pouco depois
das onze da noite
acordar e abrir
as cortinas laterais da cabine
as pontas de gelo submergem
e deslizam lentamente pela janela
de um lado ao outro
a umidade do ar
é de quatro por cento

2.
se a água fosse transparente
poderia ver o que está debaixo
uma orca que navega junto ao barco
uma colônia de pinguins que se assustou
e se debateu achando que o navio
era um bicho perigoso
tantas outras formas impensáveis de vida
um iceberg é um pedaço de luz
no nevoeiro cinza

um iceberg que de repente
aparece no vidro
como uma nuvem que pede
para ser decifrada

3.
no miolo do polo sul
o verão não tem noite
o inverno não tem dia
o sol da meia-noite perto
de descer no horizonte
sobe de novo
como se o sol estivesse preso
enjaulado no mapa estelar
o sol que não pode ficar longe
um minuto sequer o sol
que não cansa
não divide a guarda

4.
esse bloco de gelo
um platô, um sofá, um hipopótamo
um muro, um automóvel
uma escultura, um merengue
um suspiro
talvez um sonho
como era mesmo

5.

os navegantes esperavam atracar
numa ilha redonda
e quando chegaram ela era vazia
uma baía, o contorno
de uma ilha vulcânica
dentro não acharam mais que água
inventar um nome para tantos dias
de vento gelado no rosto
descer até onde o mundo acaba
para alcançar a curva sinuosa
no arquipélago há uma ilha
sem nada dentro

6.

na ilha a noite
dura menos de quatro horas
a profundidade da água
é de oitocentos e noventa metros
de repente o céu se abre azul

7.

esperar o sol se pôr
para dormir
impossível imaginar um mês
na completa escuridão
impossível imaginar um mês
de dias intermináveis

na madrugada a luz refletida no gelo
as pálpebras piscando em desespero
o sol uma criança mimada

8.
quando a água tremula
todos a bordo apontam
uma baleia ou um golfinho
um pinguim ou um peixe
um pássaro ou um iceberg
uma onda ou um cadáver
perguntam os binóculos em uníssono
ser uma pessoa
em que nada se perde

9.
a temperatura mínima
já registrada foi de oitenta e oito
graus negativos
são raros os que atravessam
um mês de inverno no escuro
os pesquisadores
e os assistentes dos pesquisadores
e os que já não fazem mais questão

10.
meu avô diz: a vista
merece um haicai

que fale da montanha
que é morta
coberta de neve
que é viva

11.

os nomes das ilhas
sempre festivos
em homenagem ao rei
ao explorador
ao feriado nacional
ao formato de um elefante
até hoje ninguém pode dizer
que nasceu
na ilha da decepção

12.

onze e trinta e seis da noite
a temperatura é zero grau
o dia ainda claro na janela
as montanhas de gelo um paredão
no inverno a água congela
e o continente dobra de volume
agora meia-noite e quarenta e um
o céu dá leves sinais
de que começa a esmaecer
nuvens rosa com preguiça
precisa esperar a noite

mesmo que a noite demore dias
precisa aprender a dormir
com a claridade lá fora
com o balanço do barco

tartaruga

o cheiro dominou a praia
os urubus iam e voltavam
alguns caminhavam tranquilos na espuma
como se de agora em diante
fossem os donos
do mar da areia de tudo
os urubus metem medo
são aves da noite com as asas espalmadas
duas mãos escolhendo a presa do alto
pensando bem são a própria noite
sobre as nossas cabeças
vejo um bando ao longe
curvado e elétrico na areia
te pego no colo
para que nada se perca
é uma cena que vai ficar na memória
a primeira vez que você vai ver
a morte de perto a primeira vez
que vai ver um cadáver
maior que um inseto
não te levei para ver meu avô
deitado na cama já sem vida
você ficou na sala enquanto no quarto
escolhíamos o lençol que iria carregá-lo
para fora de casa

para sempre
é a primeira vez
mas talvez você já tenha percebido
o cheiro da morte domina tudo
ao chegar perto vemos a carcaça
de uma tartaruga
a pele esbranquiçada solta no casco
como uma couve-flor
que passou do ponto na água quente
te levo para ver de uma distância segura
outras pessoas na praia fingem
que aquilo não é suficiente
para pautar seus dias
e riem e jogam frescobol e entram no mar
como se outro assunto fosse possível
você olha um pouco desinteressado
dali a alguns minutos duas mulheres de luvas
vão buscar o que sobrou da tartaruga
penso na coragem das mulheres
em afastar os urubus
penso que se eles decidissem avançar nelas
a comoção seria geral
e aí o que eu faria com você?
correria pra longe? ou pediria para você
abrir bem os olhos?
explicaria que tudo é possível
e nunca nada — nada mesmo — está a salvo?
as mulheres talvez estejam tentando
devolver alguma dignidade
à tartaruga morta

e ao fim de tarde na praia
digo para você olhar a cena com muita atenção
na hora de ir para a cama vou te pedir
para me descrever o que viu
em detalhes

Agradecimentos

Acrobata foi escrito ao longo de quase dez anos e contou com a ajuda de muitas pessoas, a quem sou muito grata.

Agradeço imensamente as leituras e sugestões de meus pais, Luis Barbieri, minha irmã, Marília Rothier Cardoso, Ismar Tirelli Neto, Marília Garcia, Paulo Henriques Britto, Italo Moriconi, Sofia de Sousa Silva, Raïssa de Góes, Armando Freitas Filho, Bruna Beber, Fabrício Corsaletti, Sofia Mariutti, Gregorio Duvivier e Mariano Marovatto.

Emilio Fraia, Luiz Schwarcz, Otávio Marques da Costa, Márcia Copola, Cássia Land e toda a equipe da Companhia das Letras: muitíssimo obrigada pela acolhida e por transformar esses poemas dispersos em livro.

Fontes citadas

ALEKSIÉVITCH, Svetlana. *Vozes de Tchernóbil*. Trad. Sonia Branco. São Paulo: Companhia das Letras, 2016.

AUSTER, Paul. *A invenção da solidão*. Trad. Rubens Figueiredo. São Paulo: Companhia das Letras, 1999.

ELIOT, T.S. *Poemas*. Trad. Caetano W. Galindo. São Paulo: Companhia das Letras, 2018.

GINZBURG, Natalia. *As pequenas virtudes*. Trad. Maurício Santana Dias. São Paulo: Cosac Naify, 2015.

HETI, Sheila. *Maternidade*. Trad. Julia Debasse. São Paulo: Companhia das Letras, 2019.

LANSING, Alfred. *A incrível viagem de Shackleton*. Trad. Sergio Flaksman. Rio de Janeiro: Sextante, 2004.

NEUENSCHWANDER, Rivane. *O nome do medo*. Rio de Janeiro: Museu de Arte do Rio, catálogo da exposição, 2017.

RIBEYRO, Julio Ramón. *Prosas apátridas*. Trad. Gustavo Pacheco. Rio de Janeiro: Rocco, 2016.

SHACKLETON, Ernest. *South: The Endurance Expedition*. Londres: Penguin, 2001.

VERÍSSIMO, Suzana. "O casal Curie". *Superinteressante*, São Paulo, 26 set. 2018. Disponível em: <https://super.abril.com.br/historia/o-casal-curie/>. Acesso em: 21 jun. 2024.

ESTA OBRA FOI COMPOSTA POR ACOMTE EM
MERIDIEN E IMPRESSA PELA GRÁFICA BARTIRA
EM OFSETE SOBRE PAPEL PÓLEN BOLD DA SUZANO S.A.
PARA A EDITORA SCHWARCZ EM SETEMBRO DE 2024

A marca FSC® é a garantia de que a madeira utilizada na fabricação do papel deste livro provém de florestas que foram gerenciadas de maneira ambientalmente correta, socialmente justa e economicamente viável, além de outras fontes de origem controlada.